中国海洋大学
西海岸校区建设
巡礼

主　编：张　静
副主编：魏志强　于　利

筑百年基业
续蓝色华章

中国海洋大学出版社
CHINA OCEAN UNIVERSITY PRESS
·青岛·

Building on a Century's Achievements and
Heading towards a Better Future for Ocean:

Milestones in the Development of
OUC's West Coast Campus

图书在版编目（ＣＩＰ）数据

筑百年基业 续蓝色华章：中国海洋大学西海岸校区建设巡礼/张静主编. — 青岛：中国海洋大学出版社, 2022.10
    ISBN 978-7-5670-3294-1

    Ⅰ.①筑… Ⅱ.①张… Ⅲ.①中国海洋大学—校园文化—建设 Ⅳ.①G649.285.23

    中国版本图书馆CIP数据核字(2022)第180792号

出版发行	中国海洋大学出版社
社　　址	青岛市香港东路23号　　邮政编码　266071
出 版 人	刘文菁
网　　址	http://pub.ouc.edu.cn
订购电话	0532-82032573（传真）
责任编辑	张　华
照　　排	青岛光合时代文化传媒有限公司
印　　制	青岛海蓝印刷有限责任公司
版　　次	2022年10月第1版
印　　次	2022年10月第1次印刷
成品尺寸	210mm×285mm
印　　张	10.75
印　　数	1~1000
字　　数	134千
定　　价	198.00元

Preface 序言

于志刚

　　举凡世界一流的海洋科教机构，无不拥有一流的濒海实验基地、科考船码头和岸基保障基地。中国海洋大学作为国家重点建设的唯一一所综合性海洋大学，近百年来，因海而生、向海而兴，已发展成为享誉世界的海洋名校，并在此过程中形成了鱼山、浮山、崂山三个校区。令人自豪的是，鱼山校区是中国十大最美校园之一，浮山校区和崂山校区也各具特色，多姿多彩。广大师生在典雅优美的校园里教学相长、钻研学术、服务社会，充满着自由和谐、积极向上的氛围，于是便有了文圣常先生笔下"鱼浮崂山学脉延，师严生勤奋致远"的经典诗句。但师生和校友们却时常感到美中不足，这是因为，学校还缺少能够方便地开展海洋研究和教学实习的濒海校园，还缺少能够停靠科考实习船的码头和岸基保障基地。故而，建设一个紧邻大海的校园便成为许多海大师生和海内外校友的梦想。

　　机遇垂青中国海大。2014 年 7 月 28 日，时任山东省委常委、青岛市委书记李群考察学校时指出，青岛市要全力支持好中国海洋大学的发展，特别是要从空间布局上加大支持力度。学校紧抓这个机遇，快速反应，积极行动，从鳌山湾畔循海岸线一路向西向南，在青岛全域寻找合适的办学新空间。2014 年 11 月 20 日，经多次现场考察、反复研讨，学校确定在大珠山下、灵山湾畔的古镇口大学城建设新校区。2016 年 11 月 1 日、12 月 8 日，学校先后与青岛市签署合作框架协议和协议，西海岸校区建设由此落地。2018 年 7 月 6 日，教育部正式批复，同意学校建设海洋科教创新园区（西海岸校区），并拨付一定经费支持计算机楼和电子信息楼建设，这是教育部近年来正式批复的为数不多的新校区，西海岸校区建设由此正式纳入快速推进的轨道。

　　建设一个什么样的西海岸校区？在新校区规划和建设过程中，这始终是我们格外关注、反复思考的问题，也是不断汲取各方面智慧、凝聚共识的过程。按照规划，新校区将重点建设濒海实验基地，主要布局工科、应用学科以及新兴交叉学科，聚焦服务海洋经济和融合发展，深度融入区域经济社会发展，成为名城和名校互动、校地合作发展的典范，为实现特色显著的世界一流大学宏伟建设目标提供重大战略保障。但作为发展的载体，大学校园并不只是简单的物理结构，而是有生命、有灵魂的。因此，建设一个什么样的西海岸校区，除了考虑功能布局之外，建筑风貌和文化建设也始终是许许多多海大师生和校友所关注的。记得在2017年11月30日新校区总体规划及一期建筑概念性设计方案评审会上，我希望每一位对新校区有着自己美好憧憬的海大人，都积极踊跃地以不同方式发表自己的意见，贡献自己的智慧，并使之与规划设计大师们描绘的蓝图相碰撞，共同绘制出一张美好的蓝图。作为其中一员，我也谈了自己的憧憬，并希望能够汇聚到千万个海大人的憧憬中。首先，我期待这个校园既带有学校的历史印记，又具有鲜明的时代特征，承载起中国海洋大学特有的精神文化气质。她一方面依然典雅美丽，与鱼山、浮山、崂山校园亲情相连，气质相通，使得校友来到这里会产生共鸣，师生在这里有归属感；另一方面又具有时代气息，能够面向未来，适应新的学习和研究方式，激发师生创新创造的激情，彰显学校发展的蓬勃生机和活力。其次，我期待这个校园以师生为中心。她一方面应当营造幽静专注的环境氛围，使师生摒弃浮躁，潜心学术；另一方面又能够构建交流创新的平台，方便师生之间的交流、不同学科之间的交叉，并能促进学校和社会的合作、交流与共享。第三，我期待这个校园既多姿多彩，又和谐统一。她拒绝平庸，既具有鲜明的海洋特色、青岛特色和西海岸特色，又不生硬突兀，更不标新立异，从而与社会保持适当的距离，彰显中国海大厚重沉稳的定力。我还期待这是一个绿色、生态和可持续发展的校园，既充分考虑选址的自然条件，顺应互联网、大数据时代的发展趋势，把绿色、生态、智慧的理念融入校园建设的每一个细节中，统一规划，分步实施，使得未来的校园建设可以在一张总蓝图的指导下渐次展开，又要为未来和后代留白，成为能够贯通历史、现在和未来的和谐美好的校园。令人欣慰的是，包括我在内的师生校友们的这些美好

的憧憬，都或多或少地融入了校园总体规划中。学校最终确定的由同济大学建筑设计研究院有限公司设计的方案，巧妙地规划了古典、近代、现代三个建筑风貌带，既传承历史，又面向未来，而南北两条山海通廊的设计，既围合形成了安静的核心办学区，又为未来发展预留了空间，很好地把我们对建筑的理解、对教育的思考、对未来的畅想融注进去、展现出来，引起了师生的强烈共鸣。回想起方案展示时师生校友们的欢喜之情，至今仍历历在目，难以忘怀！

千里之行，始于足下。2019年9月16日，在新中国70华诞、中国海洋大学建校95周年前夕，我们举行了隆重的开工奠基仪式，西海岸校区一期建设揭开序幕。按照"百年校园，整体规划，分步实施，注重实效"的原则，三年来，在教育部、山东省、青岛市、西海岸新区、古镇口核心区的关心支持下，依靠学校有关部门特别是西海岸校区建设指挥部和有关学院同事们的攻坚克难和无私奉献，以及参建单位的努力拼搏，西海岸校区由蓝图一步步变为现实。在这个过程中，我们经受了疫情、寒潮、汛情的考验，经历了政府代建方式调整、"过紧日子"等诸多挑战，也留有些许遗憾，但终于收获了今天的建设成果。看着新校区从无到有、从呱呱坠地到长成亭亭少年，回望三年来建设过程中的点点滴滴、酸甜苦辣，不仅感到欣慰，更充满了感动、感激之情。在新校区一期建成投入使用之际，我向八年来为西海岸校区规划和建设给予支持、奉献智慧、作出贡献的人们致敬！

西海岸校区不仅仅改变了学校的办学条件，也将改变一所百年大学的视野和格局，必定是学校下一个百年发展的重要基石。一代人有一代人的使命和担当，我坚信，立足新的发展空间，中国海大人一定能够在特色显著的世界一流大学建设征程上书写更加辉煌的崭新篇章！

Contents 目录

中國海洋大學

第一章

源起

1

　　中国海大人一直有一个梦想，拥有一个依海而建的校园，拥有一片开展海洋教学科研的海域，拥有一个停靠东方红船队的港湾，助力学校向海而兴，打造服务国家、省、市海洋发展的战略新高地。2014 年 7 月，青岛市委、市政府有关领导调研学校时指出，青岛市要全力支持好中国海大的发展，特别是要从空间布局上加大支持力度。听闻这样的好消息，全校上下十分振奋，学校领导及有关部门立即行动起来，沿青岛濒海一线奔波多地为新校区选址。最后，综合水深、水文、水质、地质和周边环境等情况，结合古镇口正在进行的大学城规划和非常欢迎中国海大在此办学的积极意向，学校将目光锁定在西海岸新区古镇口高峪村一带。2014 年 11 月 20 日，学校党政领导班子全体成员赴西海岸新区实地考察，随后召开会议，研究决定在青岛西海岸新区建设新校区。

2014 年 7 月 28 日，时任山东省委常委、青岛市委书记李群前来学校调研

学校时任党委书记孙也刚主持座谈会并对青岛市的支持表示感谢

2016 年 11 月 1 日，青岛市人民政府与学校签署合作框架协议

　　2015—2016 年，学校先后与青岛市、西海岸新区、古镇口核心区主要负责人进行了多达十余次的反复沟通对接，青岛市、西海岸新区对学校新校区建设高度重视，成立中国海洋大学新校区建设工作领导小组推进有关工作。2016 年 11 月 1 日，青岛市人民政府与学校签署合作框架协议，确定无偿划拨约 3000 亩净地用于校区建设。12 月 8 日，双方又签署合作协议，明确青岛市为校区一期建设提供 25 亿元的教育发展基金支持，还进一步明确了时间进度、学生规模、学科布局、院系设置等。西海岸校区正式落地。

青岛市人民政府　中国海洋大学关于在西海岸新区共建中国海洋大学海洋科教创新园区（黄岛校区）合作框架协议

西海岸校区四至图

濒海实验基地和海上试验场

工程技术学科群和研发基地

海洋发展战略研究领域协同创新中心

融合发展创新示范区

体制机制创新实验区

西海岸校区五大功能定位

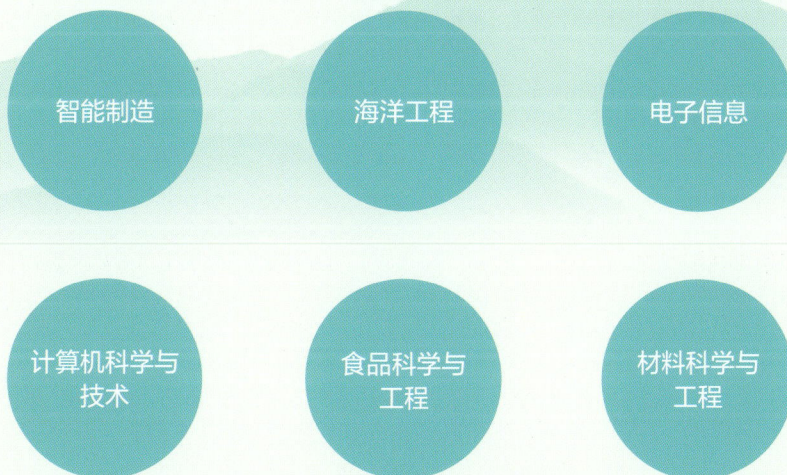

智能制造

海洋工程

电子信息

计算机科学与技术

食品科学与工程

材料科学与工程

西海岸校区布局六个学科单元

西海岸校区选址原貌（面海）

第二章

润泽

2

在西海岸校区筹划和建设过程中，教育部、山东省、青岛市、西海岸新区、古镇口核心区等各级领导都给予了极大的支持，以各种方式关心、指导、推进校区建设。

2017 年 12 月 4 日，时任山东省委常委、副省长李群参观校区规划方案展

2019 年 9 月 16 日，时任青岛市委副书记、市长孟凡利，市委常委、西海岸新区工委书记、黄岛区委书记王建祥出席校区开工奠基仪式

2021 年 3 月 10 日，时任青岛市委常委、副市长薛庆国赴西海岸校区调研

2022 年 7 月 15 日，青岛市人大常委会副主任李红兵调研西海岸校区建设

2020 年 4 月 20 日，青岛市委常委、西海岸新区工委书记、黄岛区委书记孙永红出席电子信息楼封顶仪式

2021 年 9 月 16 日，青岛市委常委、西海岸新区工委书记、黄岛区委书记孙永红调研西海岸校区

2019 年 9 月 16 日，时任西海岸新区管委主任、区长周安出席西海岸校区开工奠基仪式并致辞

2020 年 11 月 3 日，教育部学校规划建设发展中心副主任邬国强调研西海岸校区

2019 年 10 月 23 日，时任西海岸新区工委、黄岛区委常委、组织部部长逯鹰调研计算机楼、电子信息楼项目

2020 年 4 月 13 日，时任古镇口融合区工委书记刘玮调研电子信息楼项目

2021 年 3 月 16 日，时任西海岸新区工委、黄岛区委常委、组织部部长杜乐江调研西海岸校区

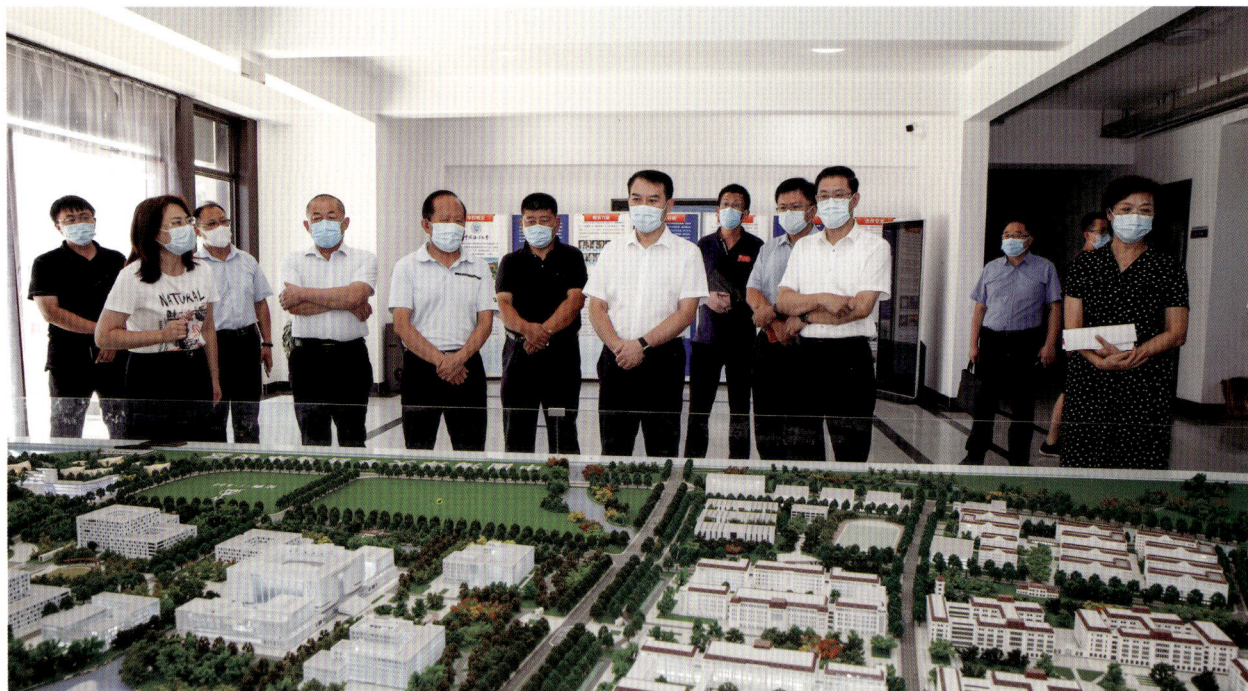

2022 年 9 月 7 日，西海岸新区工委、黄岛区委常委、宣传部部长、区委教育工委书记尹来成调研西海岸校区

2019 年 12 月 13 日，时任西海岸新区政府党组成员、高校引建工作领导小组常务副组长、办公室主任韩冠智调研电子信息楼项目

2022 年 8 月 29 日，西海岸新区副区长周诚召开西海岸校区现场协调会

西海岸校区选址原貌（面山）

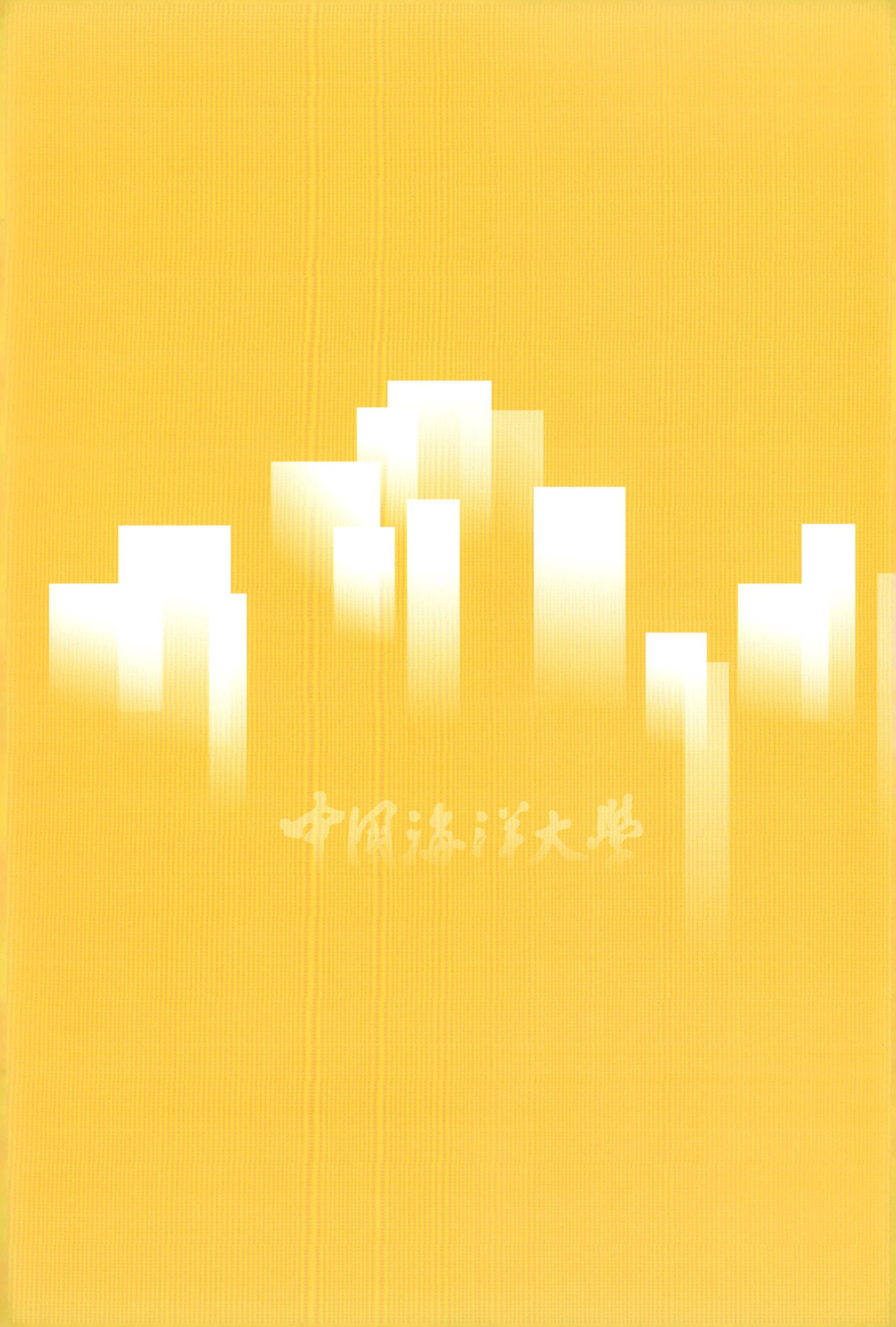
中国海洋大学

第三章

擘画

3

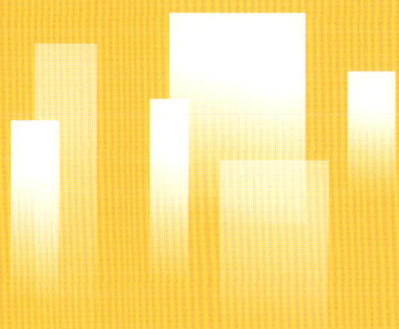

2017 年，西海岸校区规划建设正式拉开序幕。学校高度重视西海岸校区建设，将其作为近几年的重点工作，成立西海岸校区规划和建设工作领导小组，党政主要领导作为组长，亲自抓谋划，亲自抓落实。

中国海洋大学文件

海大人字〔2017〕21 号

关于成立黄岛校区建设指挥部的通知

全校各单位：

经党委常委会研究决定，成立黄岛校区建设指挥部。特此通知。

中国海洋大学
2017 年 3 月 5 日

| 印制人：王　伟 | | 校对人：谢瑞堂 |
| 中国海洋大学党委办公室、校长办公室 | | 2017 年 3 月 5 日印发 |

2017 年 3 月 5 日，学校成立校区建设指挥部

中国海洋大学文件

海大人字〔2019〕36 号

关于黄岛校区规划和建设工作领导小组更名的通知

全校各单位：

经党委常委会研究决定，黄岛校区规划和建设工作领导小组更名为西海岸校区规划和建设工作领导小组，并对其成员进行调整，调整后的人员组成如下：

组　长：田　辉　于志刚
副组长：张　静
成　员：李巍然　闫　菊　李华军　王剑敏　吴立新
　　　　丁　林　吴强明　于　利
领导小组办公室设在西海岸校区建设指挥部。
办公室主任：于　利（兼）

— 1 —

2019 年 7 月 5 日，校区规划和建设工作领导小组更名并调整成员

2019 年 6 月 19 日，党委书记田辉赴西海岸校区调研

2019 年 5 月 9 日，党委书记田辉参加西海岸校区规划技术导则专家评审会

2017 年 3 月 15 日，校长于志刚，党委副书记、副校长陈锐，副校长吴立新实地踏勘校区选址

2018 年 11 月 23 日，学校党委理论学习中心组赴西海岸新区专题学习

2019 年 1 月 21 日，党委常务副书记张静带队赴西海岸校区交流校园文化建设工作

学校陆续召开学校老领导、院士等参加的规划建设咨询会、学科建设研讨会，研讨西海岸校区事业规划；组织开展学习调研，指挥部及各工作组赴各地、各高校围绕不同专题进行调研。

2017 年 2 月 21 日，时任党委书记鞠传进主持召开西海岸校区规划建设咨询会

2017 年 2 月 22 日，学校组织召开西海岸校区规划建设研讨会

2017 年 4 月 22 日，学校组织召开西海岸校区工科及应用学科建设校内研讨会

　　2017 年 6 月 12 日—13 日，学校召开西海岸校区校园总体规划项目推介会；9 月 21 日，召开宣讲会，为形成高水平的校园总体规划方案奠定基础。11 月 29 日—30 日，学校召开校区总体规划及一期建筑概念性设计方案评审会，由全国工程勘察设计大师黄星元、崔彤等 7 位专家组成的评审委员会对 9 家设计单位的方案进行了评审。会议还邀请了近 400 名师生代表在鱼山校区、崂山校区分会场以视频形式观看并进行了网络投票。随后，又通过实地布展、网络布展、召开座谈会等方式广泛征求了广大师生、离退休老同志、校友、地方政府部门等各方的意见建议。

2017 年 6 月 12 日—13 日，西海岸校区校园总体规划项目推介会召开

2017 年 9 月 21 日，西海岸校区校园总体规划项目宣讲会召开

2017 年 11 月 29 日—30 日，西海岸校区校园总体规划及一期建筑概念性设计方案评审会召开

设计单位汇报设计方案

评审专家对沙盘进行评审

学校领导观看沙盘

师生代表在鱼山校区、崂山校区分会场以视频形式观看并进行网络投票

2017 年 12 月 26 日，在综合各方意见的基础上，学校研究确定由同济大学建筑设计研究院（集团）有限公司（主体）& 上海同济城市规划设计研究院进行西海岸校区修建性详细规划设计。之后，学校又召开功能布局规划高校专家论证会，研究确定西海岸校区功能布局方案。2018 年 5 月 18 日，学校研究同意西海岸校区校园总体规划及一期建筑概念性设计方案。2019 年 3 月 9 日，经过反复沟通，方案通过西海岸新区城乡规划委员会审议，至此，新校区蓝图正式绘就。

2017 年 12 月 27 日，西海岸校区功能布局规划高校专家论证会召开

2018 年 5 月 18 日，学校党委常委会研究同意西海岸校区校园总体规划及一期建筑概念性设计方案

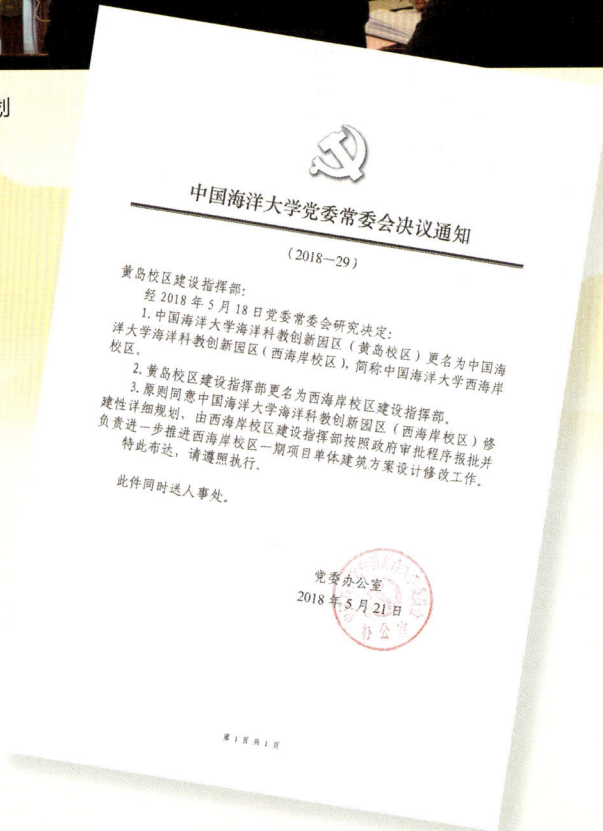

2018 年 3 月 23 日，学校有关领导赴古镇口核心区汇报修详规

　　西海岸校园规划以"山—海，历史—未来"设计理念，构筑了"古典、近代、现代"三个建筑风貌带，展现了中国海大的百年风情，完美诠释了历史传承与创新的主题。还构筑了两条山海通廊，将山海美景引入校园，两条通廊围合形成的核心办学区安静完整，也为未来预留了发展空间。方案设计理念与中国海大历史文化特质高度吻合，得到了广大师生和校友的高度认同。

西海岸校区规划图（西侧鸟瞰）

西海岸校区规划图（东北鸟瞰）

中华人民共和国教育部

教发函〔2018〕30号

教育部关于同意中国海洋大学建设
海洋科教创新园区的批复

中国海洋大学:

《中国海洋大学关于在青岛西海岸新区建设海洋科教创新园区(黄岛校区)的请示》(海大字〔2018〕3号)及有关材料收悉。经研究,现批复如下:

一、根据你校事业发展需要,为推进"双一流"建设,对接国家海洋强国战略、"一带一路"倡议和军民融合发展战略,服务区域重大发展需求,同意你校利用青岛市无偿划拨的西海岸国家级新区2800亩土地,建设海洋科教创新园区。土地划拨等有关事宜,由你校向当地人民政府申报办理。

二、请你校根据学校事业发展规划及园区发展定位,做好校园建设总体规划。园区项目建设工作,按照基本建设程序办理有关审批或备案手续。

2018年7月6日

2018年7月6日,教育部批复同意
学校建设海洋科教创新园区

在进行校园规划的同时,学校多次赴教育部汇报西海岸校区规划与建设工作,并先后多次向教育部提交建设西海岸校区的请示,2018年7月6日,教育部正式批复同意学校建设西海岸校区。2019年7月11日,青岛西海岸新区管委与中国海洋大学签署共建海洋科教创新园区(西海岸校区)项目的协议,标志着西海岸校区建设真正进入校地共建实施阶段。

青岛西海岸新区管委 中国海洋大学
关于共建中国海洋大学海洋科教创新园区
(西海岸校区)项目的协议

甲方:青岛西海岸新区管委
地址:青岛西海岸新区长江中路369号
乙方:中国海洋大学
地址:青岛市崂山区松岭路238号

根据青岛市人民政府与中国海洋大学签订的《关于在青岛西海岸新区共建中国海洋大学海洋科教创新园区(黄岛校区)合作框架协议》和《关于共建中国海洋大学海洋科教创新园区(黄岛校区)的协议》(以下统称《市校共建协议》)以及青岛市、西海岸新区关于高校引建的有关意见,为进一步推进中国海洋大学海洋科教创新园区(西海岸校区)(以下简称西海岸校区)建设,经双方友好协商,就共建西海岸校区项目相关事宜达成如下协议:

一、合作共建内容

西海岸校区项目选址青岛西海岸新区古镇口大学城内,规划占地约2800亩(含里岛部分,以最终规划审批为准),项目总建筑面积约180万平方米(其中地上建筑面积约150万平方米,地下建筑面积约30万平方米),主要建设内容包括:工程技术学科群和研发基地、滨海试验基地和海上综合试验场岸基、海洋发展战

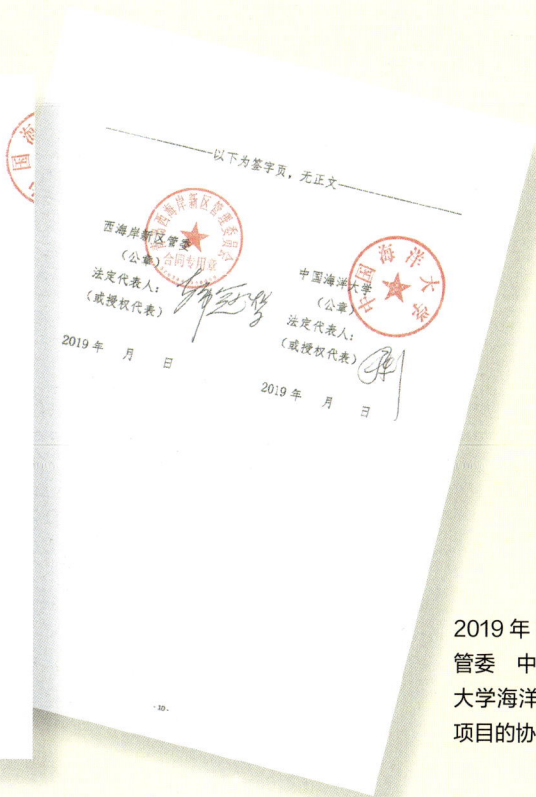

-1-

——以下为签字页,无正文——

西海岸新区管委 中国海洋大学
(公章)合同专用章 (公章)
法定代表人: 法定代表人:
(或授权代表) (或授权代表)
2019年 月 日 2019年 月 日

2019年7月11日,《青岛西海岸新区管委 中国海洋大学关于共建中国海洋大学海洋科教创新园区(西海岸校区)项目的协议》正式签订

西海岸校区鸟瞰图

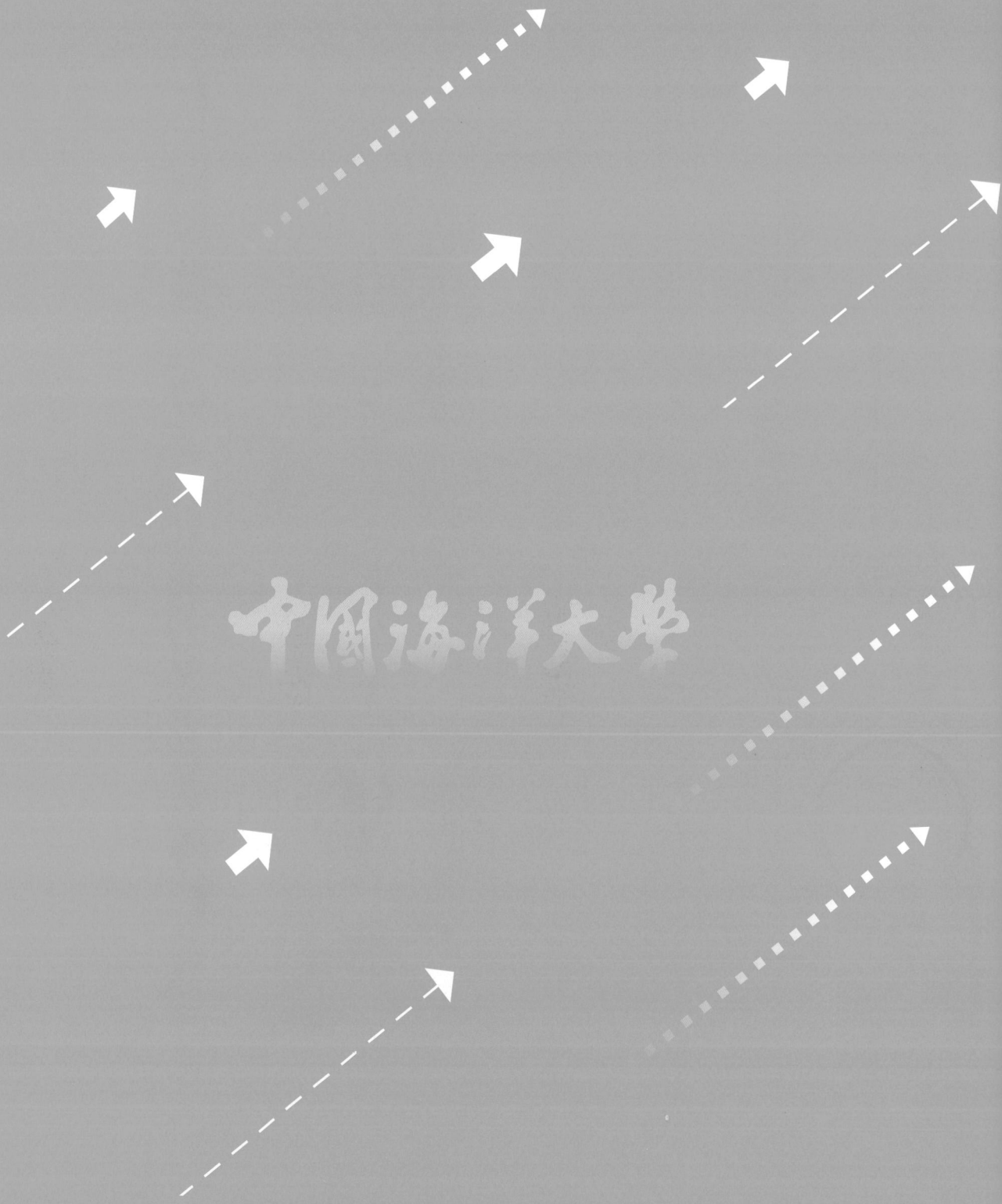

第四章

奋楫

4

2019 年 9 月 16 日，西海岸校区开工奠基仪式举行，各级领导、各界友人、师生校友代表等 300 余人参加了奠基仪式。学校自建项目计算机楼、电子信息楼首批开工建设。

2019 年 9 月 16 日，西海岸校区开工奠基仪式

在西海岸校区建设过程中，学校领导先后多次赴校区调研建设进展、现场解决问题，推动校区建设顺利进行。

2020 年 4 月 20 日，党委书记田辉参加电子信息楼封顶仪式、调研计算机楼项目

2020 年 10 月 29 日，党委书记
田辉调研校区建设进展

2021 年 11 月 12 日，党委书记田辉调研教工公寓项目

2022 年 6 月 9 日，党委书记田辉调研西海岸校区建设进展

2022 年 8 月 24 日，党委书记田辉调研西海岸校区启用筹备工作

2022 年 9 月 4 日，党委书记田辉到西海岸校区检查指导迎新工作

2020 年 8 月 11 日，校长于志刚调研西海岸校区建设进展

2022 年 6 月 9 日，校长于志刚调研西海岸校区建设进展

2022年8月2日，校长于志刚调研西海岸校区建设进展

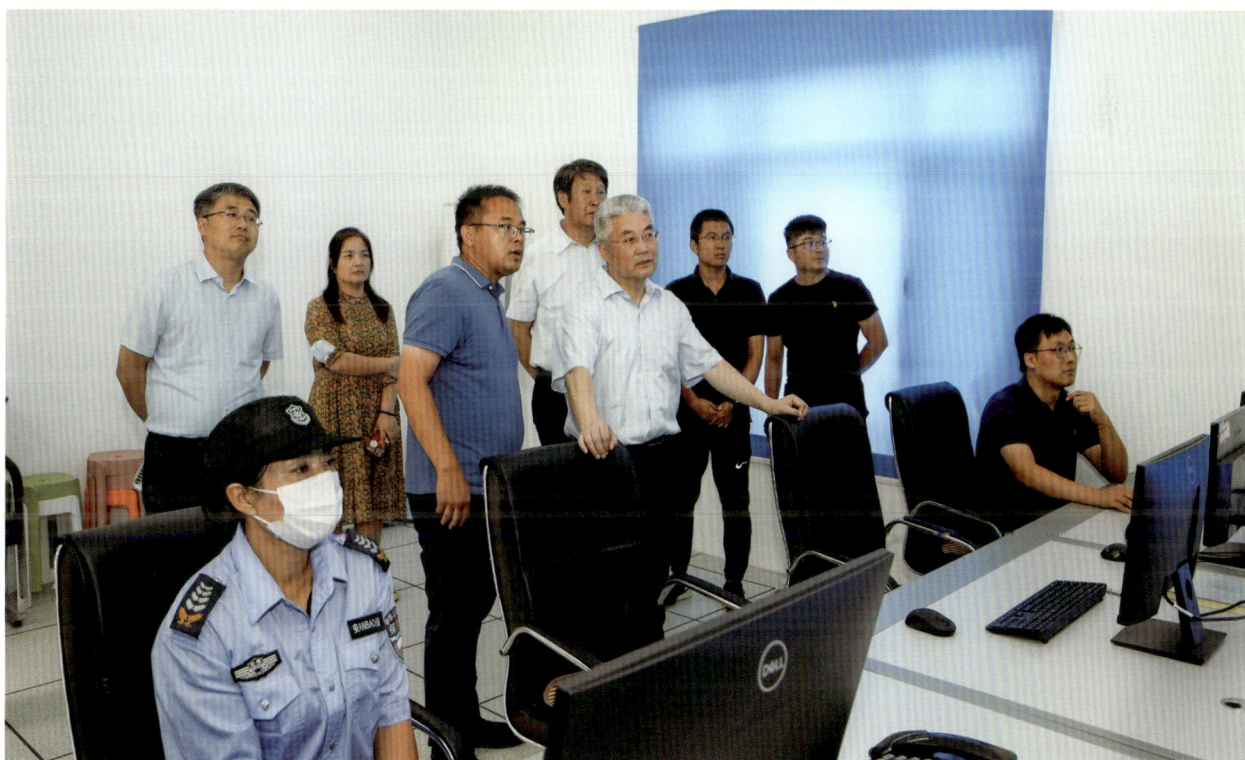

2022年9月5日，校长于志刚调研开学和校区运行工作

2022 年 7 月 15 日，党委常务副书记张静调研西海岸校区建设

2020 年 11 月 17 日，时任副校长李巍然主持召开会议研究学习综合体精装事宜

2019 年 8 月 8 日，时任副校长闫菊调研西海岸校区

2022 年 8 月 22 日，原副校长李华军调研西海岸校区

2022年1月3日，党委副书记卢光志调研西海岸校区建设

2022年6月9日，党委副书记卢光志调研西海岸校区建设

2022年6月1日，党委副书记、纪委书记杨茂椿调研西海岸校区建设

2021年11月19日，时任总会计师、现任副校长王剑敏调研西海岸校区建设

2022 年 5 月 25 日，副校长刘勇带领本科教学督导团参观西海岸校区

2022 年 9 月 3 日，副校长范其伟到西海岸校区检查迎新筹备工作

2022 年 4 月 22 日，副校长魏志强调研西海岸校区

2020 年 12 月 24 日，时任党委常委、校长助理吴强明调研西海岸校区学生学习生活场所建设情况

　　在校区建设现场，几十家施工单位、几千名建设者众
志成城，披荆斩棘，校区面貌日新月异。

2019 年 12 月 18 日，西海岸校区政府代建项目开工

2020 年 4 月 20 日，
中启胶建集团有限
公司承建的电子信
息楼项目主体封顶

2020 年 8 月 30 日，计算机楼项目建设单位山东兴华建设集团在项目现场承办西海岸新区建筑业职业技能大赛

2020 年 11 月 12 日，海洋生物资源开发中心项目主体封顶，这是政府代建项目中首个封顶的项目

2021 年 3 月 31 日，学习综合体项目主体封顶

建设中的学习综合体
项目中庭船形结构

2021 年 4 月 27 日，工程楼项目主体封顶

建设中的西区学生宿舍、食堂项目（2021 年 7 月 19 日）

建设中的食工楼、材料楼（一期）项目（2021 月 11 月 11 日）

建设中的东区学生宿舍、食堂项目（2021 年 12 月 21 日）

建设中的教工公寓项目（2021 年 12 月 27 日）

西海岸校区建设指挥部全体人员
在西海岸校区现场

政府代建单位西海岸新区建筑工务中心团队在施工现场

政府代建项目社会资本方青岛宝冶知行科教建设运营有限公司团队在施工现场

政府代建项目建设单位上海宝冶集团团队在施工现场

　　随着校区临近搬迁启用，2021 年 12 月 27 日，学校成立西海岸校区运行管理部，负责校区运行管理；学校网络与信息中心、保卫处、后勤保障处等相关单位先后驻场，党委宣传部组织形成西海岸校区部分物理空间和道路命名方案；搬迁学院频繁前往校区对接实验室建设等事宜；确保校区于 2022 年秋季学期顺利启用。

2022 年 5 月 2 日，副校长魏志强参加西海岸校区建设指挥部大干一百天动员会

西海岸校区运行管理部、后勤保障处相关人员在西海岸校区现场

网络与信息中心相关人员在西
海岸校区现场

2022 年 7 月 1 日，图书馆领导班子赴西海岸校区

2022年8月2日，保卫处在西海岸校区检查校园安保工作

2022年8月2日，教务处赴西海岸校区研究教室建设工作

2022 年 7 月 22 日，国有资产与实验室管理处赴西海岸校区研究实验室建设工作

2022 年 7 月 13 日，学生工作部赴西海岸校区研究"一站式"学生社区服务中心建设

2022 年 4 月 21 日，研究生院赴西海岸校区调研研究生智慧互动教室建设

2022 年 5 月 6 日，党委办公室、校长办公室机关事务中心赴西海岸校区对接会议室建设

2021 年 8 月 17 日，党委宣传部、新闻中心赴西海岸校区对接校园文化建设

2021 年 9 月 3 日，团委赴西海岸校区对接学生活动空间建设

2021年9月7日，国际教育学院赴西海岸校区对接外国专家公寓建设

2021年9月10日，学生就业创业指导与服务中心赴西海岸校区对接工作

2019 年 11 月 7 日，西海岸校区监察审计部、审计处赴西海岸校区座谈交流

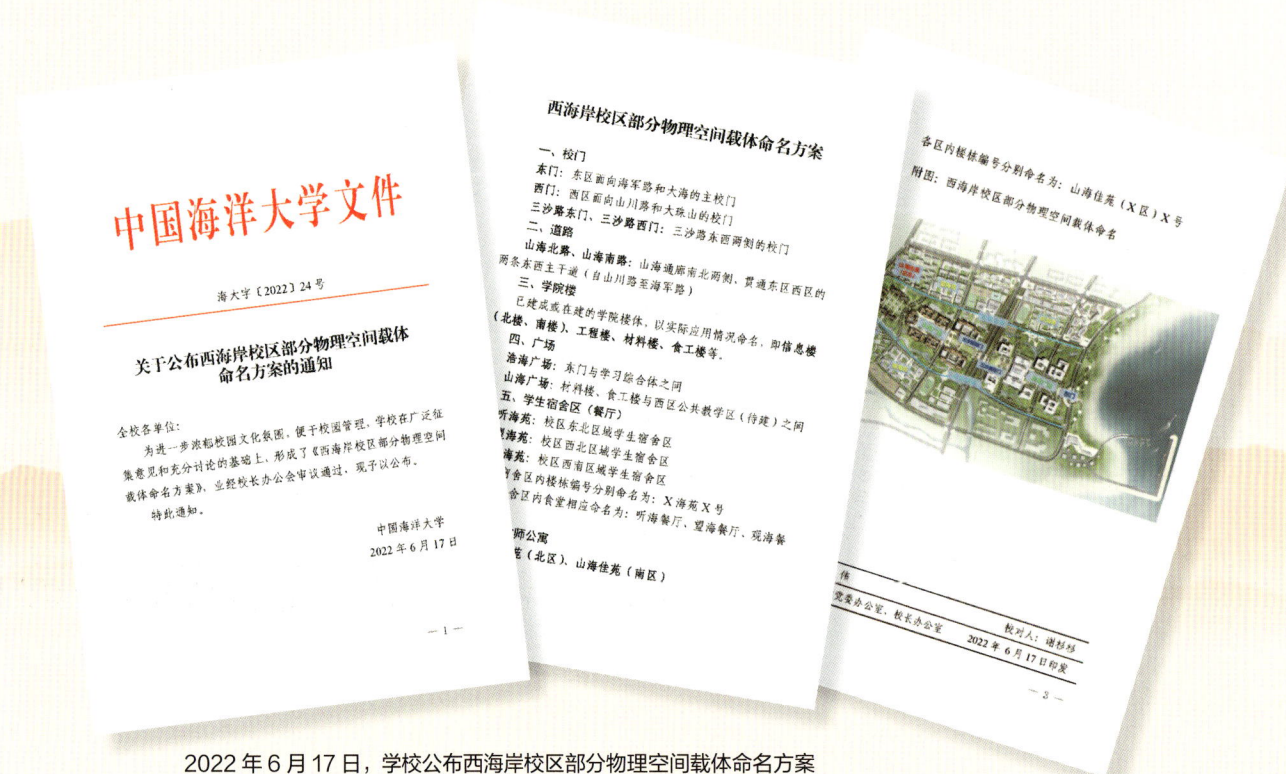

2022 年 6 月 17 日，学校公布西海岸校区部分物理空间载体命名方案

2021 年 4 月 7 日，信息科学与工程学部赴西海岸校区

2022 年 5 月 26 日，信息科学与工程学部赴西海岸校区

2020 年 11 月 19 日，工程学院赴西海岸校区

2021 年 8 月 27 日，工程学院赴西海岸校区

2020 年 10 月 23 日，食品科学与工程学院赴西海岸校区

2022 年 7 月 29 日，食品科学与工程学院赴西海岸校区

2020 年 10 月 30 日，材料科学与工程学院赴西海岸校区

2021 年 10 月 26 日，材料科学与工程学院赴西海岸校区

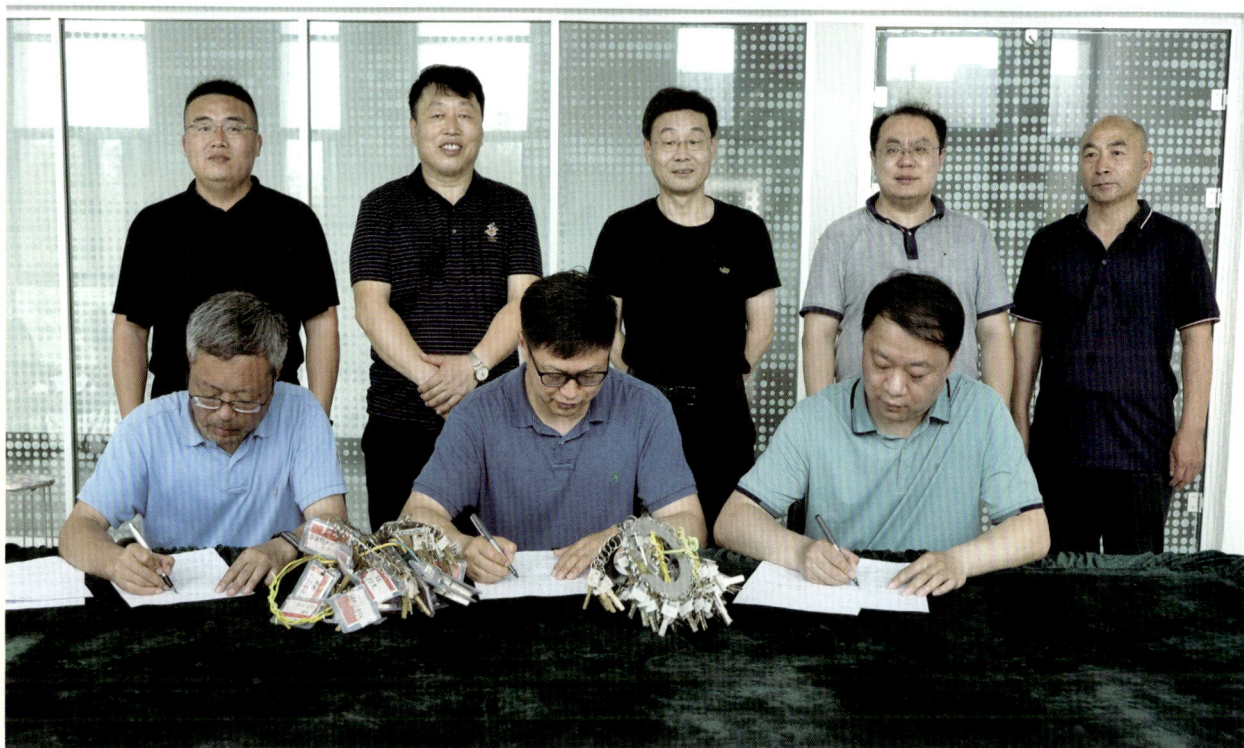

2022 年 6 月 30 日，信息楼（南楼）、信息楼（北楼）正式交付

2022 年 7 月 20 日，材料楼初步验收、移交钥匙

2022 年 7 月 21 日，工程楼初步验收、移交钥匙

2022 年 7 月 29 日，食工楼初步验收、移交钥匙

检查工地应对寒潮天气情况

在建设过程中，我们遭遇了突如其来的新冠肺炎疫情，学校坚持疫情防控和校区建设两手抓两手硬，确保校区建设不因疫情而延误。我们还遭遇了几十年不遇的寒潮、汛情以及"过紧日子"等不利因素，也都通过强有力的举措一一化解，树牢安全意识和质量意识，打造精品工程。

检查工地防汛情况

检查工地疫情防控情况

　　众人拾柴火焰高。西海岸校区建设能够顺利进行，除了一线建设者的昼夜奋战，也有远在其他三个校区师生的守望相助，还有分布在五湖四海的"海之子"们的热切关注，以及社会各界友人的关心支持。所有这一切，凝聚成为建设西海岸校区的强大合力。

2019 年 4 月 19 日，数学科学学院赴西海岸校区开展主题党日活动

2019 年 4 月 24 日，工会、妇女委员会看望慰问西海岸校区建设指挥部工作人员

2019 年 5 月 8 日，文学与新闻传播学院赴西海岸校区调研

2019 年 5 月 16 日，党委办公室、校长办公室党支部与法学院 2017 级博士研究生党支部赴西海岸校区开展主题党日活动

2019 年 5 月 22 日，机关党委组织西海岸校区建设指挥部党支部主题党日观摩活动

2019 年 5 月 23 日，文科处、海洋发展研究院赴西海岸校区调研

2020 年 8 月 17 日，出版社赴西海岸校区调研

2020 年 10 月 11 日，国际合作与交流处赴西海岸校区调研

2020 年 10 月 28 日，船舶中心赴西海岸校区调研

2020 年 10 月 30 日，医药学院赴西海岸校区调研

2020 年 11 月 5 日，发展规划处赴西海岸校区调研

2020 年 11 月 19 日，校友工作办公室、教育基金会办公室赴西海岸校区调研

2020 年 11 月 19 日，直属业务部门党总支赴西海岸校区调研

2020 年 12 月 31 日，管理学院赴西海岸校区调研

2021 年 8 月 4 日，中国工程院院士、时任海洋生命学院院长包振民赴西海岸校区调研

2021 年 10 月 15 日，时任中国海洋大学顾问、特聘讲席教授、行远书院院长钱致榕赴西海岸校区调研

2021 年 10 月 28 日，财务处赴西海岸校区调研

2021 年 11 月 24 日，附属学校筹建工作办公室赴西海岸校区调研

2022 年 6 月 1 日，学校作风建设专项巡察组赴西海岸校区

2019 年 9 月 16 日，校友向
西海岸校区捐赠樱花树

2019 年 10 月 25 日，参加 95 周年校庆的校友参观西海岸校区

2021 年 12 月 3 日，中国海洋大学校友会青岛西海岸新区分会调研西海岸校区

2021 年 8 月 9 日，时任西海岸新区工委组织部副部长、区招才中心主任、校城融合办公室副主任宋祥华调研西海岸校区

2022 年 4 月 22 日，青岛市财政局、教育局联合调研组调研西海岸校区

2022 年 6 月 29 日，滨海街道党委书记石强参加街道与西海岸校区建设指挥部党建共建签约仪式

2019 年 1 月 4 日，法国法兰西艺术院院士、世界著名建筑师雅克·鲁热力（JACQUES ROUGERIE）考察西海岸校区

2020 年 3 月 6 日，青岛音乐之岛文化产业开发有限公司向西海岸校区捐赠防疫物资

2021 年 3 月 1 日，广东佰斯特生物科技有限公司调研西海岸校区

2020 年 5 月 27 日，康复大学（筹）领导小组成员、临时党委委员黄飞一行调研西海岸校区

2021 年 4 月 20 日，湖北文理学院党委常委、副校长朱青林一行调研西海岸校区

2021 年 6 月 11 日，烟台大学科教园区规划建设领导小组办公室常务副主任毕朝晖一行调研西海岸校区

2021 年 11 月 17 日，中国石油大学（华东）基建总工战永亮、基建处处长王迅一行调研西海岸校区

2021 年 11 月 23 日，江苏海洋大学校长宁晓明一行调研西海岸校区

2022 年 2 月 27 日，美国雪城大学副校长刘占江一行调研西海岸校区

2019 年 12 月 19 日，西海岸校区开放日活动（第一期）

2020 年 12 月 25 日，西海岸校区开放日活动（第二期）

2021 年 9 月 29 日，西海岸校区开放日活动（第三期）

2021年3月23日—25日，工程学院2017级土木工程系本科生在西海岸校区开展毕业实习

里　岛　路　　　　　　次入口　　　　　　　　　　　　　三　　　　　　　里

公寓

教工公寓

学生宿舍

学生宿舍　　　　　　　　　　海洋生物资源开发中心

信息产业技术创新中心

10F

学生宿舍　　　　　　　　　　篮球场　　　网球场

拥

沙

学生宿舍

学生宿舍

食堂　　足球场　　排球场

一体育教学中心

游泳馆

军

路

篮球场

能源中心

学生宿舍

食堂

网球场

学生活动中心

预留学院组团

食工楼

材料楼

工程楼

电子信息楼

预留学院组团

学习综合体

公共教学楼

公共教学楼

综合实验楼

拥

计算机楼

能源中心

三

能源中心

学生宿舍

学生宿舍

学生宿舍

学生宿舍

食堂

军

沙

能源中心

学生宿舍

篮球场

足球场

路

篮球场

后勤办公

医学研究中心

宅　　次入口

科

路

宅

科

西海岸校区平面图

中國海洋大學

第五章

绽放

5

西海岸校区全景（面山）

　　2022 年 8 月，历经近三年艰苦卓绝的奋斗，西海岸校区一期建设任务顺利完成，10 个项目破茧成蝶，其中政府代建 7 个项目，包括 1 个学习综合体、3 个学院楼、2 个学生社区、1 个科研平台，学校自建 2 个学院楼和 1 个教工公寓，一个面貌崭新、设施齐备、充满生机的现代化濒海校园如期展现在中国海大人面前。

西海岸校区全景（面海）

西海岸校区东区全景

西海岸校区东区夜景

西海岸校区西区全景

西海岸校区东区山海通廊水系

西海岸校区西区山海通廊水系

学习
综合体

学习综合体东立面

西海岸校区的标志性建筑，建筑面积102000平方米，由政府代建，主要功能为图书阅览、智慧教室和信息中心等。设计单位为青岛腾远设计事务所有限公司，施工单位为上海宝冶集团有限公司。项目中庭上方建有一个船形结构，长42米、宽20米、高15米，是山东省内最大的拉索悬浮钢结构空间，寓意为学海泛舟。

学习综合体西立面

学习综合体中庭船形结构

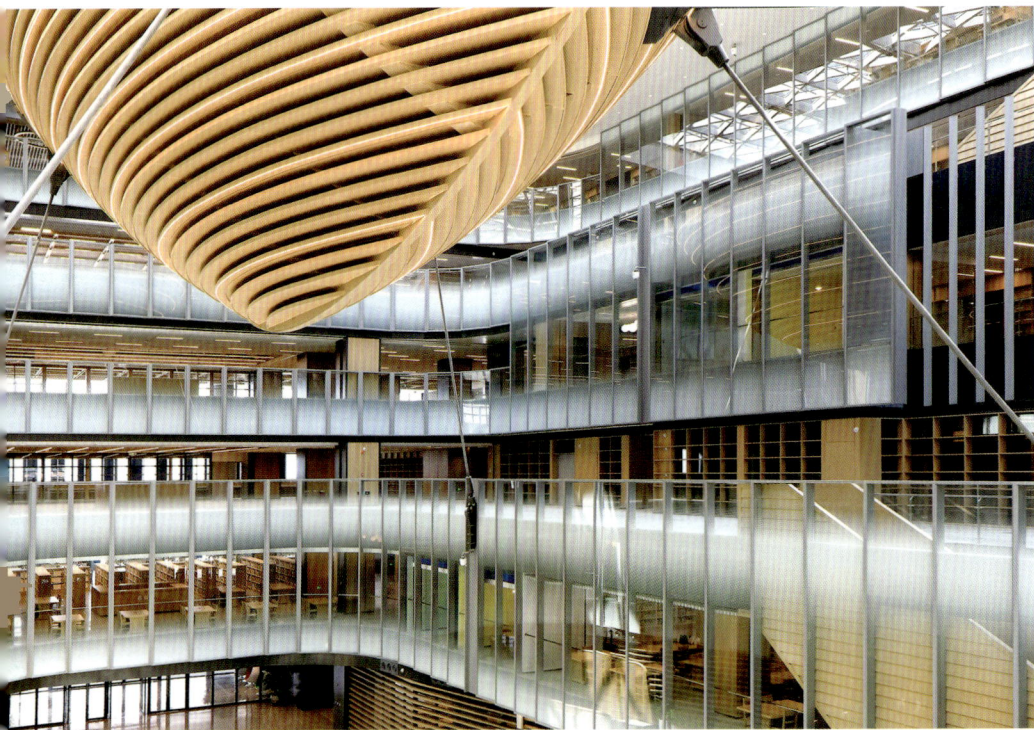

图书馆

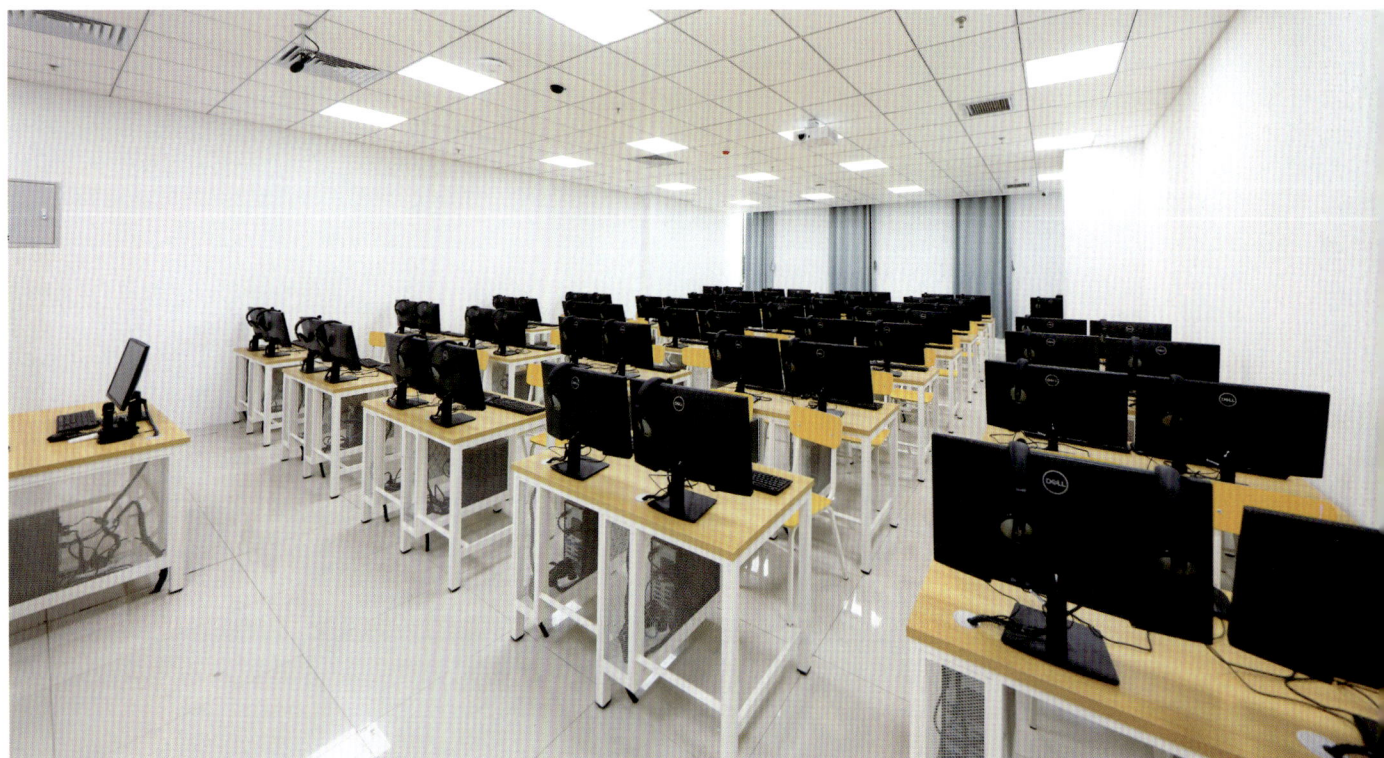

教室

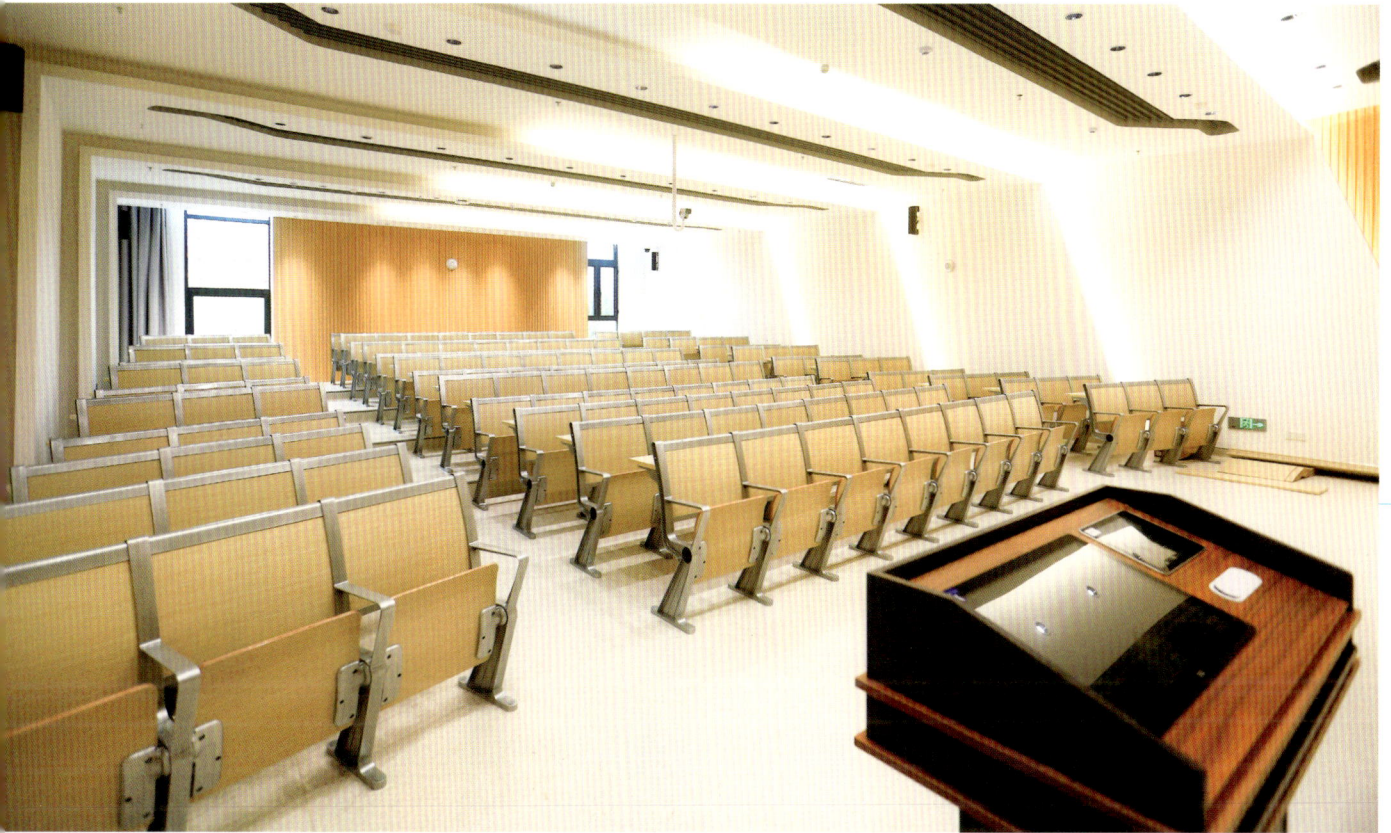

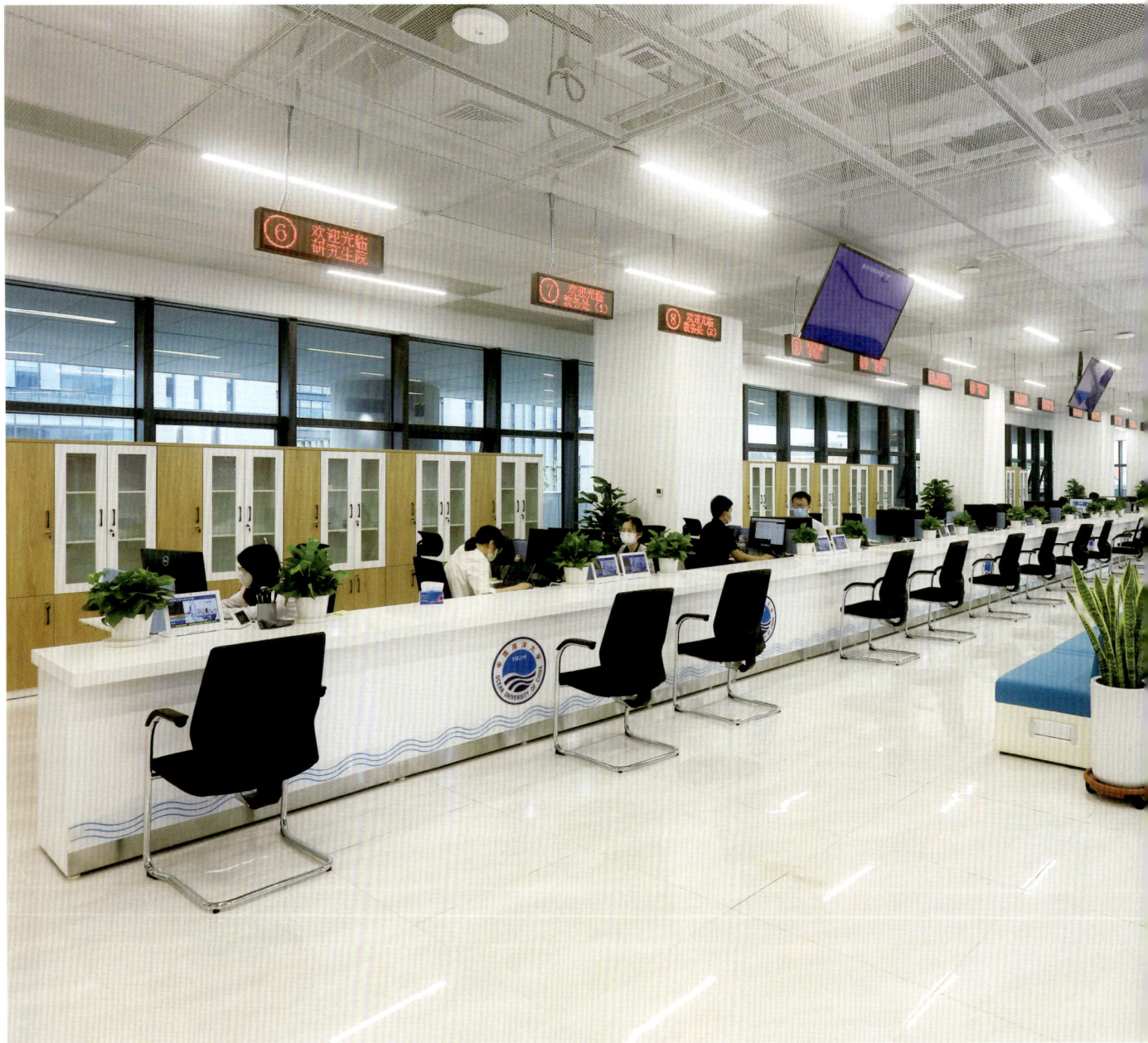

综合管理服务大厅

会议室

网络与信息中心机房

信息楼
（南楼）

　　建筑面积 24500 平方米，由学校自建。设计单位为同济大学建筑设计研究院（集团）有限公司，施工单位为山东兴华建设集团有限公司，监理单位为青岛海大工程监理咨询有限公司。

信息楼
（北楼）

建筑面积 24500 平方米，由学校自建。设计单位为同济大学建筑设计研究院（集团）有限公司，施工单位为中启胶建集团有限公司。配建有青岛高校最大的实验水池，长 29 米、宽 20 米、深 10 米，可开展海洋声学、光学、通信、智能感知、水下机器人等实验。

大学物理实验教学中心

工程楼

　　建筑面积67000平方米，由政府代建。设计单位为青岛腾远设计事务所有限公司，施工单位为上海宝冶集团有限公司。建有结构试验大厅、水动力学实验室、水下机器人实验室等大型教学和科研实验室，其中的L形大型反力墙及反力台座，专业性强，施工难度大，填补了学校该类实验设施的缺口。

食工楼

建筑面积 26300 平方米，由政府代建。设计单位为青岛腾远设计事务所有限公司，施工单位为上海宝冶集团有限公司。

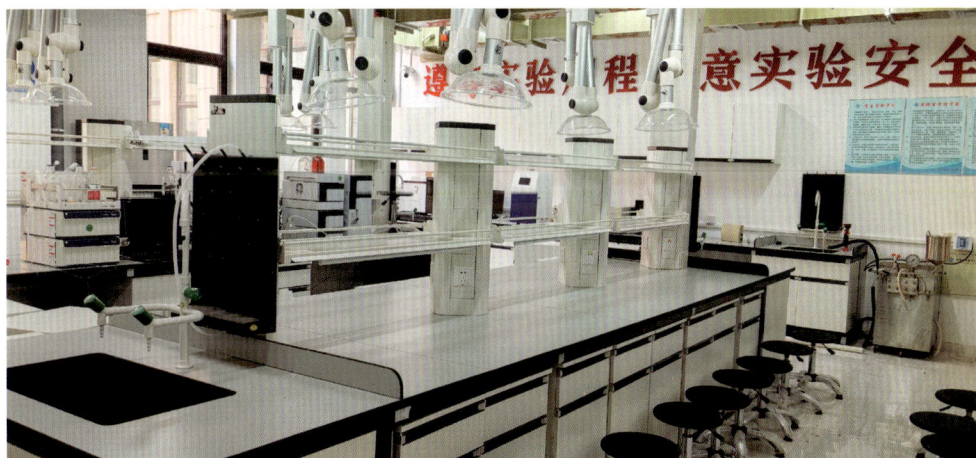

材料楼（一期）

建筑面积 19700 平方米，由政府代建。设计单位为青岛腾远设计事务所有限公司，施工单位为上海宝冶集团有限公司。

望海苑
及
望海餐厅

建筑面积 55000 平方米，由政府代建。设计单位为青岛市公用建筑设计研究院有限公司，施工单位为上海宝冶集团有限公司。

望海餐厅

听海苑
及
听海餐厅

建筑面积 61000 平方米，由政府代建。设计单位为青岛市公用建筑设计研究院有限公司，施工单位为上海宝冶集团有限公司。两个学生社区的研究生、本科生宿舍均配有卫生间、淋浴、空调等，每个楼都设有交流共享空间，学生住宿条件得到优化改善。

听海餐厅

**海洋生物
资源开发中心**

　　建筑面积 10000 平方米，由政府代建。设计单位为青岛市公用建筑设计研究院有限公司，施工单位为上海宝冶集团有限公司。

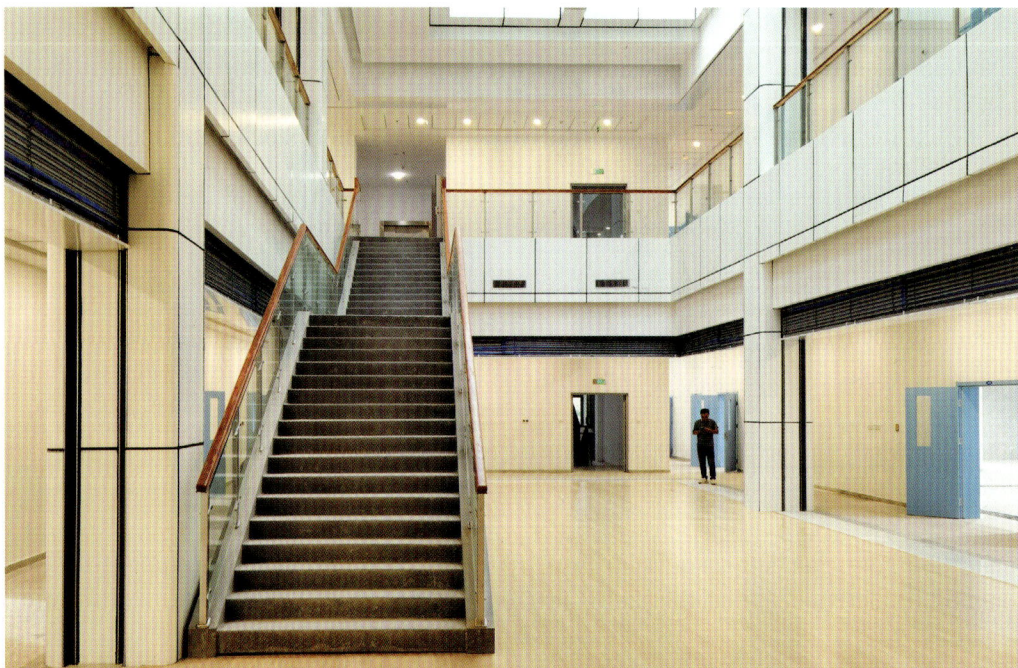

山海佳苑
（北区）

建筑面积 183000 平方米，由学校自建，建设 918 套教工公寓和 144 套博士后公寓、134 套留学生公寓和外籍专家公寓。设计单位为青岛市人防建筑设计研究院，施工单位为青岛新华友建工集团股份有限公司、青岛亿联建设集团股份有限公司、青建集团股份公司。

博士后公寓内部装修

当海大遇见大海

　　2022年8月底至9月初，学校各有关单位陆续启动搬迁，战高温、斗酷暑，披星戴月、日夜兼程，广大师生用双手和汗水扮靓自己的新家园。至9月5日秋季学期开学第一天，7000余名师生安全、有序进驻新校园，开始了崭新的学习、工作和生活。

2022 年 8 月 18 日，
信息楼（南楼）挂牌

2022 年 8 月 18 日，
信息楼（北楼）挂牌

2022 年 8 月 22 日，工程楼挂牌

2022 年 8 月 24 日，材料楼挂牌

2022 年 8 月 29 日，食工楼挂牌

2022 年 9 月 3 日，图书馆启用仪式

2022 年 9 月 5 日，新学期第一节课，学校领导走进课堂听课

西海岸校区日出

西海岸校区夜景

这里是打造国际一流海洋科教创新高地的主导力量，是践行国家战略使命的重要平台。

—— 刘　玮

（古镇口核心区工委委员、管委副主任、工委融合办主任）

这里是创新管理模式下打造的精品工程，是西海岸新区校城深度融合的重要基地，是新区教育地图上的耀眼明珠。

—— 侯万里

（西海岸新区建筑工务中心主任）

这里是服务国家重大战略和地方经济社会发展的桥头堡和前沿阵地。

—— 魏志强

（副校长、西海岸校区管理委员会主任）

这里是承载着几代中国海大人的临海梦，依山面海、环境优美、面向未来的和谐美好的新校园。

—— 于　利

（校长助理、西海岸校区建设指挥部总指挥）

这里充满了浓厚的现代科技气息和开放包容的国际化氛围，是老师们潜心教学和科研工作的美好家园。

—— 董军宇

（信息科学与工程学部部长）

这里是处处可以交流分享，利于学生成长成才的理想园地。

—— 刘佳安

（工程学院研究生会主席，2021级硕士研究生）

中國海洋大學

第六章

扬帆

6

　　西海岸校区一期总建筑面积约60万平方米，总投资约30亿元。根据学校"十四五"基本建设规划，西海岸校区二期将建设体育教学中心及游泳馆、综合实验楼、大学生活动中心、濒海实验基地等10余个项目，建筑面积30余万平方米，总投资约20亿元。三期将不断完善校区各项功能，主要建设公共教学楼、综合服务中心、国际教育组团、教工公寓（二期）等项目。最终将整个校区打造成为开放性、生态化、现代化、国际化的办学新校区，形成与特色显著的世界一流大学建设目标相协调适应的总体布局。

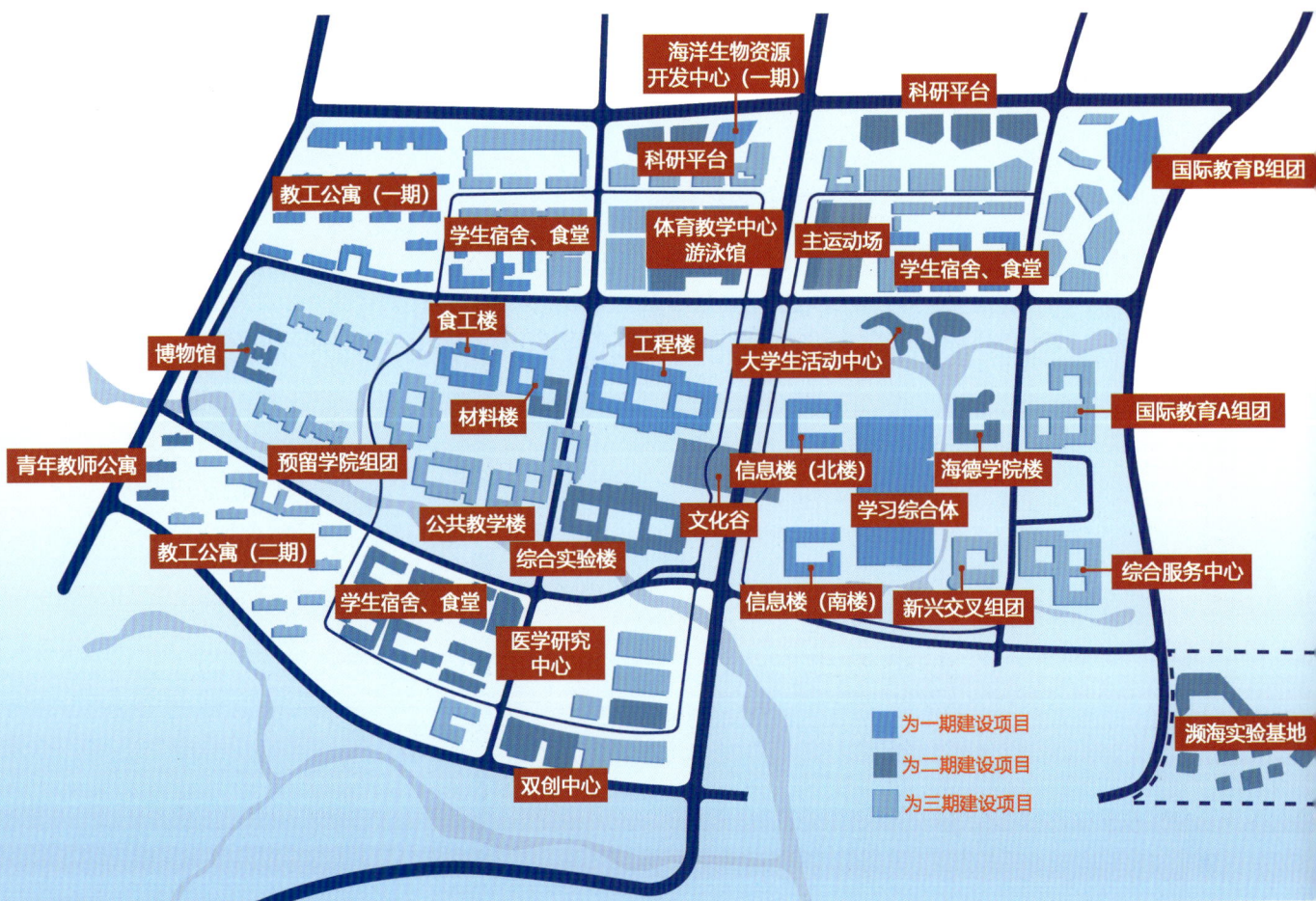

西海岸校区功能布局图

西海岸校区"十四五"期间建设项目表

序号	列入"十四五"基本建设规划新建项目	建筑面积 / 平方米	计划投资 / 亿元
1	体育教学中心及游泳馆	25000	2.3
2	材料楼（二期）	14500	0.7
3	濒海实验基地	22100	1.2
4	海德学院楼	22000	1.1
5	大学生活动中心	20000	1.6
6	主运动场	6000	0.5
7	室外工程（一期）	–	1
8	综合实验楼	71000	3
9	文化谷	–	1.2
10	学生宿舍和食堂	40000	1.6
11	博物馆	17000	0.8
12	信息产业技术创新中心	50000	2.5
13	医学研究中心	30000	1.5
14	青年教师公寓	5000	0.2
	合计	322600	19.2

体育教学中心及游泳馆，体育
教学中心规划建筑面积 20000
平方米，计划投资 1.6 亿元；
游泳馆规划建筑面积 5000 平
方米，计划投资 0.7 亿元

大学生活动中心，规划建筑
面积 20000 平方米，计划
投资 1.6 亿元

综合实验楼，规划建筑面积 71000 平方米，计划投资 3 亿元

博物馆，规划建筑面积 17000 平方米，
计划投资 0.8 亿元

| 文化谷，占地约 15000 平方米，
计划投资 1.2 亿元

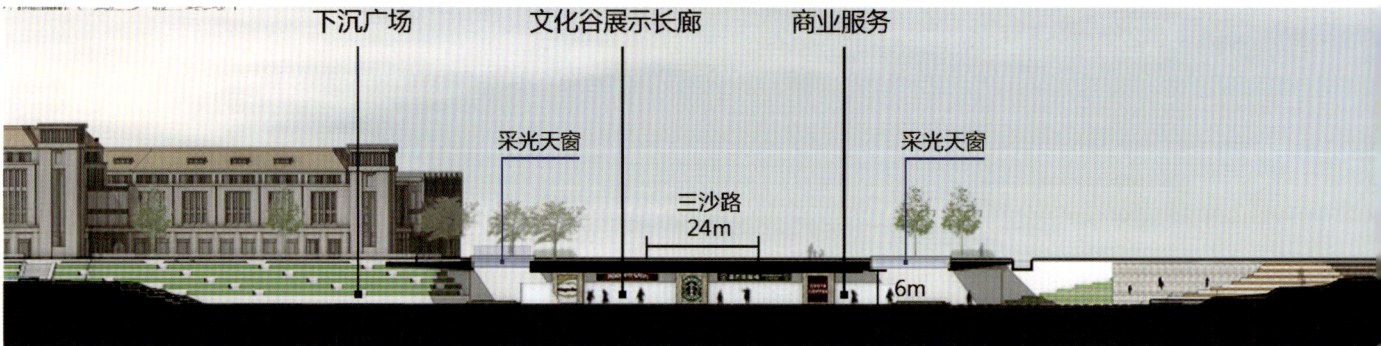

下沉广场　　文化谷展示长廊　　商业服务

采光天窗　　　　　　　　采光天窗

三沙路
24m

6m

2014 年

2014 年 11 月 20 日，学校党政领导班子全体成员赴西海岸新区考察，决定在西海岸新区谋划建设新校区。

2016 年

2016 年 11 月 1 日，青岛市人民政府与中国海洋大学签署共建西海岸校区合作框架协议。

2016 年 12 月 8 日，青岛市人民政府与中国海洋大学签署共建合作协议。

2017 年

2017 年 6 月 12 日，西海岸校区总体规划项目推介会召开。

2017 年 9 月 21 日，西海岸校区总体规划项目宣讲会召开。

2017 年 11 月 30 日，西海岸校区总体规划及一期建筑概念性设计方案评审会举行。

2017 年 12 月 26 日，校长办公会决策同意由同济大学建筑设计研究院（集团）有限公司（主体）& 上海同济城市规划设计研究院进行西海岸校区修建性详细规划设计。

2018 年

2018 年 1 月 25 日，学校研究确定西海岸校区功能布局方案。

2018 年 7 月 6 日，教育部批复同意中国海洋大学建设海洋科教创新园区（西海岸校区）。

2019 年

2019 年 3 月 9 日，西海岸新区城乡规划委员会审议通过西海岸校区修建性详细规划。

2019 年 7 月 11 日，西海岸新区管委与中国海洋大学签署共建海洋科教创新园区（西海岸校区）项目协议。

2019 年 9 月 16 日，西海岸校区举行开工奠基仪式，计算机楼、电子信息楼首批开工。

2019 年 12 月 18 日，西海岸校区政府代建项目正式开工。

2020 年

2020 年 4 月 20 日，西海岸校区电子信息楼项目主体封顶。

2020 年 5 月 30 日，西海岸校区计算机楼项目主体封顶。

2020 年 11 月 12 日，西海岸校区海洋生物资源开发中心项目主体封顶。

2020 年 12 月 27 日，西海岸校区西区学生宿舍（望海苑）、食堂（望海餐厅）项目主体封顶。

2021 年

2021 年 3 月 31 日，西海岸校区学习综合体项目主体封顶。

2021 年 4 月 27 日，西海岸校区工程楼项目主体封顶。

2021 年 5 月 17 日，西海岸校区食工楼、材料楼（一期）项目主体封顶。

2021 年 12 月 21 日，西海岸校区东区学生宿舍（听海苑）主体封顶。

2021 年 12 月 30 日，西海岸校区东区食堂（听海餐厅）主体封顶。

2022 年

2022 年 5 月 6 日，西海岸校区教工公寓项目主体封顶。

2022 年 6 月 30 日，西海岸校区信息楼（北楼）、信息楼（南楼）交付。

2022 年 8 月 18 日，西海岸校区信息楼（南楼）、信息楼（北楼）挂牌。

2022 年 8 月 22 日，西海岸校区工程楼挂牌。

2022 年 8 月 24 日，西海岸校区材料楼挂牌。

2022 年 8 月 26 日，西海岸校区学生搬迁启动。

2022 年 8 月 29 日，西海岸校区食工楼挂牌。

2022 年 9 月 3 日，西海岸校区图书馆启用仪式。

2022 年 9 月 4 日，西海岸校区研究生新生入学。

2022 年 9 月 5 日，西海岸校区秋季学期开学。

中国海洋大学

数载奋战，不负初心，山海间，筑就新家园。

信心满怀，未来可期，新征程，再创新辉煌。

谨以此书献给所有参与西海岸校区建设的建设者们，以及关心、支持西海岸校区的领导、师生、校友和各界朋友。

感恩一路有您！让我们携手并进，共同见证一个美丽的百年校园的璀璨绽放！

未来已来！